BEI GRIN MACHT SICH IHR WISSEN BEZAHLT

- Wir veröffentlichen Ihre Hausarbeit, Bachelor- und Masterarbeit

- Ihr eigenes eBook und Buch - weltweit in allen wichtigen Shops

- Verdienen Sie an jedem Verkauf

Jetzt bei www.GRIN.com hochladen und kostenlos publizieren

Bibliografische Information der Deutschen Nationalbibliothek:

Die Deutsche Bibliothek verzeichnet diese Publikation in der Deutschen Nationalbibliografie; detaillierte bibliografische Daten sind im Internet über http://dnb.d-nb.de/ abrufbar.

Dieses Werk sowie alle darin enthaltenen einzelnen Beiträge und Abbildungen sind urheberrechtlich geschützt. Jede Verwertung, die nicht ausdrücklich vom Urheberrechtsschutz zugelassen ist, bedarf der vorherigen Zustimmung des Verlages. Das gilt insbesondere für Vervielfältigungen, Bearbeitungen, Übersetzungen, Mikroverfilmungen, Auswertungen durch Datenbanken und für die Einspeicherung und Verarbeitung in elektronische Systeme. Alle Rechte, auch die des auszugsweisen Nachdrucks, der fotomechanischen Wiedergabe (einschließlich Mikrokopie) sowie der Auswertung durch Datenbanken oder ähnliche Einrichtungen, vorbehalten.

Impressum:

Copyright © 2018 GRIN Verlag
Druck und Bindung: Books on Demand GmbH, Norderstedt Germany
ISBN: 9783668696761

Dieses Buch bei GRIN:

https://www.grin.com/document/424137

Lukas Jäger

Die Anfänge der Ethik in der Antike von Sokrates, Platon und Aristoteles

GRIN Verlag

GRIN - Your knowledge has value

Der GRIN Verlag publiziert seit 1998 wissenschaftliche Arbeiten von Studenten, Hochschullehrern und anderen Akademikern als eBook und gedrucktes Buch. Die Verlagswebsite www.grin.com ist die ideale Plattform zur Veröffentlichung von Hausarbeiten, Abschlussarbeiten, wissenschaftlichen Aufsätzen, Dissertationen und Fachbüchern.

Besuchen Sie uns im Internet:

http://www.grin.com/

http://www.facebook.com/grincom

http://www.twitter.com/grin_com

Eberhard Karls Universität Tübingen
Evangelisch-Theologische Fakultät
Wintersemester 2016/17
EPG 1: Einführung in Grundfragen der Ethik

Die Anfänge der Ethik in der Antike

- *Die Ethik von Sokrates, Platon und Aristoteles*

eingereicht am 13.04.2018

von

Lukas Jäger

9. Fachsemester

Inhaltsverzeichnis

Einleitung 1

1. Die Anfänge der Ethik in der Antike
    1.1 Sokrates (469-399 v. Chr.) 1

    1.2 Platon (427-348/347 v. Chr.) 4

    1.3 Aristoteles (384 – 322 v. Chr.) 6

2. Schlussbemerkungen 9

3. Literaturverzeichnis 11

Einleitung

Die Frage nach einem ethischen und tugendhaften Leben ist gegenwärtig sehr aktuell. Die Welt hat sich globalisiert. Technische und medizinische Errungenschaften haben den Bereich des Möglichen stark erweitert. Während früher die zentrale Frage war, ob etwas getan werden kann, stellt sich heute oft die Frage, ob etwas getan werden sollte. Gentechnik, Massentierhaltung, Umweltschutz und viele weitere Themen und Diskussionsfelder verdeutlichen die Relevanz der Begriffe der Ethik und Tugend. Allerdings sorgt die Medienindustie immer wieder dafür, dass viele Menschen sich mit diesen Themen kaum beschäftigen. Meinungen und Haltungen werden vorformuliert und dem Zuschauer mehr oder weniger subtil vermittelt. Dies führt dazu, dass viele Menschen vorformulierte Standpunkte annehmen und aus Bequemlichkeit nicht hinterfragen. Um jedoch zu einem eigenen ethischen Urteil zu gelangen, ist sowohl eine Beschäftigung mit den entsprechenden Themen, als auch mit dem Begriff der Tugend notwendig. Dafür lohnt es sich, auf die Ursprünge des Begriffs zurückzublicken, welche in der Antike liegen.

In dieser Arbeit sollen deshalb die Anfänge der Ethik in der Antike anhand einer Untersuchung der drei berühmten griechischen Philosophen Sokrates, Platon und Aristoteles dargestellt werden. In einer kurzen Darstellung werden in historischer Reihenfolge ihre Positionen und Theorien dargestellt und in einem Abschlusskommentar gebündelt.

1. Die Anfänge der Ethik in der Antike

1.1 Sokrates (469-399 v. Chr.)

Der Philosoph Sokrates gilt als eine der rätselhaftesten und bekanntesten Figuren der Geschichte. Da er selbst keine Schriften hinterließ, ist man auf die Zeugnisse seines Schülers Platon angewiesen. Dieser ließ Sokrates in fast allen seinen Dialogen als „Hauptgesprächsteilnehmer" oder „Gesprächsführer" auftreten.[1] Aus diesem Grund ist es schwierig, die Lehre von Platon und Sokrates konkret zu unterscheiden. Die verschiedenen Zeugnisse über Sokrates zeichnen das Bild eines die Weisheit liebenden Philosophen und philosophischen Lehrers. Nach Aristoteles bemühte sich Sokrates um „ethische Vortrefflichkeiten" und versuchte dementsprechend als Erstes allgemeine Definitionen dafür zu finden.[2] Mit Ausnahme von Heraklit hatten die vorsokratischen Philosophen nur die verschiedenen Ausprägungen der Tugend dargestellt, ohne das Wesen der ἀρετή, die sittliche Vortrefflichkeit des Menschen, wirklich bestimmen zu wollen.[3] Als Erstes problematisierte Sokrates hingegen die Tugend und Ethik.

---
1 Hager, Fritz-Peter: Art. Sokrates, in: Horst Balz/ James K. Cameron/ Wilfried Härle u.a. (Hgg.): TRE Band XXXI (Seelenwanderung – Sprache/ Sprachwissenschaft/ Sprachphilosophie), Berlin/ New York 2000, 437.
2 Vgl. Rehfuß, Wulff D. (Hg.): Geschichte der Philosophie I: Antike und Mittelalter, Stuttgart 2012, 48.
3 Heraklit verstand die Wahrnehmung der Natur und der Wahrheit als Tugend.

Eine konkrete positive Antwort auf diese Problemstellungen fand er aber nicht. Zuerst widmete Sokrates sich der Frage nach dem Wesen der ἀρετή, welche in der antiken Philosophie als „Tugend" verstanden wurde. Er erörterte in diesem Zusammenhang, ob die ἀρετή eine Tugend sei oder sich in mehrere Tugenden (Tapferkeit, Besonnenheit, Freundschaft, Gerechtigkeit etc.) aufteilen lasse.[4] Die einzelnen Tugenden verstand Sokrates als die Ausformung der Gesamttugend, die in der Kenntnis des Guten besteht. Die ἀρετή kann sich dabei erst durch Erziehung (παιδεία) und Unterweisung (διδαχή) bilden.[5] Sowohl Erfahrung als auch Vernunft sind notwendig.

Nach Sokrates kann die Frage nach der Tugend nicht durch Beispiele von tugendhaftem Handeln verstanden werden. Vielmehr muss das diesen Taten Gemeinsame, das εἶδος oder die ἰδέα verstanden werden.[6] Dieses Wissen ist für ihn nicht nur die Voraussetzung, um tugendhaft zu handeln, sondern bewirkt seiner Meinung nach automatisch gutes Handeln. Nach seiner Vorstellung handelt es sich bei ethischem Wissen nicht um eine „neutrale Kenntnis eines beliebigen Sachverhalts".[7] Stattdessen stellt für ihn dieses Wissen ein Können dar. Diese Überlegungen kann man beispielsweise anhand des Wissens, wie man schwimmt, veranschaulichen. Wenn jemand weiß, wie man schwimmt, kann er schwimmen und ist demnach ein Schwimmer.[8]

Tugend ist für Sokrates demnach richtige Erkenntnis, welche im Handeln umgesetzt wird. Von dem Wissen und der Einsicht der jeweiligen Person ist die Tugend abhängig. Nur so handelt der Mensch gut. Was jedoch ist das Gute? Um praktisches Wissen über das Gute zu erlangen, ist laut Sokrates Selbsterkenntnis notwendig. Mit dem Wissen über das eigene Wesen geht auch das Wissen über das Ziel unseres Lebens einher.[9] Die Tugend wird mit dem Wissen über das ethische Handeln gleichgesetzt. Damit grenzte Sokrates sich von den Sophisten ab, welche glaubten, dass die Fähigkeit, zwischen Recht und Unrecht zu unterscheiden, nicht in der Vernunft, sondern in der Gesellschaft liege.[10] Diese gebe je nach Generation und Stadtstaat vor, was gut und schlecht sei. Sokrates nahm jedoch an, dass durch die Anwendung der Vernunft unveränderliche Regeln von Recht und Unrecht für das menschliche Zusammenleben erkannt werden können.[11] Eine schlechte Handlung verstand Sokrates hingegen als schädlich. Da ein Mensch nach seiner Meinung nicht bewusst sich selbst schaden könne, geht unmoralisches oder schlechtes Verhalten für ihn auf Unkenntnis zurück.[12]

---

4 Vgl. Hager: Art. Sokrates, 441.
5 Vgl. Hager: Art. Sokrates, 442.
6 Vgl. Rohls, Jan: Geschichte der Ethik, Tübingen ²1999, 46.
7 Rohls: Geschichte der Ethik, 46.
8 Vgl. Rohls, Geschichte der Ethik, 46.
9 Vgl. Rohls: Geschichte der Ethik, 50.
10 Vgl. Gaarder, Jostein: Sofies Welt. Roman über die Geschichte der Philosophie, München/ Wien 1993, 87.
11 Vgl. Gaarder: Sofies Welt, 102.
12 Vgl. Rohls: Geschichte der Ethik, 47.

Denn wer in seinem Inneren erkennt, dass seine Taten falsch sind, kann nach Sokrates nicht glücklich werden und versucht deshalb diese Taten zu unterlassen. Der Mensch handelt deshalb immer nach seiner bestmöglichen Einsicht in das Gute. Aus diesem Grund kann Wissen auch als praktische Einsicht oder als Lebensvollzug verstanden werden.

Sokrates führt diese Position im Vergleich mit dem Hedonismus aus. Ein Hedonist versucht immer nach der größten Lust zu handeln. Eine gute Handlung ist für ihn mit einer lustvollen Handlung gleichzusetzen. Wenn ein Hedonist sich für eine ihm schädliche Handlung entscheidet, weil er sie fälschlicherweise als lustvoller empfindet, ist er nach Sokrates einem Trugschluss erlegen. Der Hedonismus gründet für ihn demnach auf einer Verständnisschwierigkeit, weshalb er die hedonistische Identifizierung des Guten mit dem Lustvollen kritisiert. Eine Möglichkeit der Willensschwäche schließt er aus.[13] Er verneint damit, dass eine Person bewusst wider besseren Wissens handeln kann. Damit vertritt er ein positives Menschenbild. In diesem Zusammenhang ist allerdings die Frage nach der Freiheit des menschlichen Willens zu stellen. Weiß der Mensch nicht oft, was gut und schlecht ist, und entscheidet sich dennoch für das Böse? Weiß beispielsweise ein Mörder nicht ganz genau, dass es eine böse und schlechte Handlung ist, einen anderen Menschen zu töten? Sokrates würde vermutlich auf diese Frage antworten, dass dieser Mensch nicht wirklich weiß, was gut und schlecht ist und er deshalb den Mord fälschlicherweise als gut oder nützlich ansieht, obwohl eine solche Tat negative Folgen ergibt. Seine Einsicht in das Gute ist gestört.

Dieser moralischer Intellektualismus wurde von Sokrates radikal selbst gelebt. Sein Versuch, vor allem bei der jüngeren Bevölkerung Athens ein Gespür für Gerechtigkeit und ethisches Verhalten zu wecken, musste Sokrates aber teuer bezahlen. Im Jahr 399 v. Chr. wurde er angeklagt, die Jugend zu verderben, die Staatsgötter nicht anzuerkennen und neue Gottheiten einzuführen. Mit knapper Mehrheit wurde Sokrates vom athenischen Gericht zum Tod verurteilt.[14] Er hätte sich dem Urteil durch eine Flucht entziehen können. Für Sokrates kam dies aber nicht in Frage. Als Bürger Athens habe er die Gesetze der Stadt anerkannt. Er könne diese nicht gleichzeitig durch seine Flucht ignorieren und nicht anerkennen. Das eigene Gewissen und die Wahrheit standen bei Sokrates über dem eigenen Selbsterhaltungstrieb. Lieber wollte er ein Unrecht erleiden, als ein Unrecht zu tun. Mit dieser Begründung trank er im März 399 v. Chr. aus dem vergifteten Schirlingsbecher im Kreise seiner Freunde, die ihn nicht davon abhalten konnten.[15]

---

13 Vgl. Rohls: Geschichte der Ethik, 47.
14 Vgl. Rehfuß (Hg.): Geschichte der Philosophie I, 48.
15 Vgl. Hager: Art. Sokrates, 445.

1.2 Platon (427-348/347 v. Chr.)

Der Athener Platon und Schüler des Sokrates erlebte mit neunundzwanzig Jahren, wie Sokrates das Todesurteil an sich selbst vollstreckte. Dieses Ereignis prägte ihn, weil er daran den Widerspruch zwischen den tatsächlichen Verhältnissen in der Gesellschaft und dem Wahren und Ideellen erkannte. In seinen frühen Schriften widmete Platon sich der ethischen Vortrefflichkeit, der ἀρετή, und wie diese gelehrt werden könne. Zu einer genauen Bestimmung gelangte er allerdings nicht.[16] Genau wie bei Sokrates standen auch für ihn die Definitionen der einzelnen Tugenden im Vordergrund. In seiner Frühphase versuchte er in moralphilosophischen Werken über die Besinnung (Χαρμίδης), den Mut (Λάχης), die Freundschaft (Λύσις) und Gerechtigkeit (Θρασύμαχος) einen Begriff der Tugend zu entwickeln.[17]

Die Welt befindet sich nach Platon in Anlehnung an Heraklit im Fluss. Alles verändert sich.[18] Deshalb ist über die mit den Sinnen erfahrbare Welt keine wirkliche Definition möglich. Nach der Zwei-Welten-Theorie Platons muss darum die veränderbare und sichtbare Welt der Einzeldinge von der unveränderlichen und unsichtbaren Welt der Ideen unterschieden werden. Die Wahrnehmung ist nicht mit dem Wissen an sich gleichzusetzen. Sinneseindrücke können Fehler aufweisen und deshalb zu keiner Erkenntnis oder sicherem Wissen führen. Auch das eigene Empfinden stellt nur unsichere Meinungen dar.[19] So kann zum Beispiel ein Pferd schon im Kindesalter ohne Probleme als solches erkannt werden. Auch dieses Pferd „fließt" gewissermaßen. Es altert, wird eines Tages krank und stirbt. Wie bei einer Seifenblase existiert in der Sinneswelt nichts für ewig. Dennoch bleibt ein gemeinsamer Nenner. Die eigentliche „Pferdeform" bleibt ewig gleich.[20] Dieses Urbild hinter dem in der Natur vorkommenden Phänomen, ordnet Platon der Welt der Ideen zu. Das Wort Idee lässt sich von dem griechischen Wort ἰδέα ableiten, was Ansicht oder Gestalt bedeutet. Nur über Erkenntnisse der Vernunft kann sicheres Wissen erlangt werden. Auch die ethischen Eigenschaften und Definitionen müssen deshalb in der unveränderlichen und unsichtbaren Welt der Ideen verortet werden.[21] Das Verhältnis zwischen der Ideen- und der Sinneswelt wird als Teilhabe, (μέθεξις) bestimmt.[22] Die Dinge der Sinneswelt bestehen somit nicht selbstständig, sondern gehen auf Ideen zurück. Nur schattenhafte Bilder der ewigen Formen oder Ideen stellen die Phänomene in der Natur dar. Dem Abbild der Einzeldinge der Idee ist deshalb das Urbild überlegen.

---

16 Vgl. Rehfuß (Hg.): Geschichte der Philosophie I, 52.
17 Vgl. Wyller, Egil A.: Art. Plato/ Platonismus I, in: Horst Balz/ James K. Cameron/ Wilfried Härle u.a. (Hgg.): TRE Band XXVI (Paris-Polen), Berlin/ New York 1996, 679.
18 Vgl. Rohls: Geschichte der Ethik, 49.
19 Vgl. Rohls: Geschichte der Ethik, 49.
20 Vgl. Gaarder: Sofies Welt, 103.
21 Vgl. Rohls: Geschichte der Ethik, 49.
22 Vgl. Rohls: Geschichte der Ethik, 50.

In diesem Zusammenhang unterscheidet Platon auch die verschiedenen Erkenntnisweisen des Menschen. Während eine Meinung sich auf die Sinneswelt bezieht, führt das Denken zu der Ideenwelt. Ideen sind weder vergänglich, noch wandelbar und ohne jede Erfahrung zu erfassen.[23] Die Unterscheidung zwischen der Sinneswelt und der Ideenwelt macht Platon in dem sogenannten Höhlengleichnis deutlich.

Das Gleichnis erzählt von in einer unterirdischen Höhle angeketteten Menschen, welche dem Eingang der Höhle abgewandt sind. Hinter ihnen erhebt sich eine Mauer, auf der menschenartige Wesen künstliche Gegenstände vorbeitragen. Durch ein noch höher gelegenes Feuer werden dadurch sich bewegende Schattenbilder an die Höhlenwände geworfen. Die Gefangenen können nur diese Schattenbilder sehen und halten diese für die Realität. Dies ist nach Platon die empirische Welt des Werdens. Im weiteren Verlauf des Höhlengleichnisses wird einer der Gefangenen von seinen Ketten erlöst und beginnt die Höhle hinaufzusteigen. Er sieht die Gegenstände, deren Schatten er zuerst als echt angesehen hat. Das Licht des Feuers blendet ihn. Schließlich kommt er aus der Höhle hinaus und ist abermals geblendet. Er hat damit die Seinswelt verlassen und die Welt der Ideen betreten.[24] Nach und nach kann er jedoch die natürlichen Dinge um ihn herum erkennen. Als Nächstes blickt er zur Sonne, die ihn wiederum blendet. Dann gewöhnen sich die Augen jedoch an die Helligkeit und er erkennt, dass die Sonne den natürlichen Dingen um ihn herum Leben spendet. Genauso wie das Feuer in der Höhle die Schattenbilder ermöglicht. Anstatt sich jedoch über diese Erkenntnis allein zu freuen, steigt der Mensch wieder zu der unterirdischen Höhle hinab, um die Gefangenen durch sein neu erlangtes Wissen aufzuklären. Diese glauben ihm jedoch nicht. Sie verweisen auf die Höhlenwand und behaupten, dass das, was sie dort sehen, alles sei, was es gibt. Darauf erschlagen sie den ehemaligen Mitgefangenen.

Es ist nicht auszuschließen, dass Platon mit dem Ende des Gleichnisses indirekt auf das traurige Schicksal des Sokrates verweisen wollte, der ebenfalls die „Sonne" gesehen hatte. Die Sonne, die als Idee des Guten interpretiert werden kann, fungiert bei Platon als oberste Norm. Das Ziel und Ursprung allen Seins ist für Platon das Gute. Wenn ein Mensch die Ideenwelt erkennt und durchschaut, hat er das Potential eines Philosophen. Diese Richtschnur ist das richtige Handeln. Indem die Seele zur Idee des Guten aufsteigt, gleicht sie sich geradezu an Gott an. Da Platon die Unsterblichkeit der Seele annimmt, kehrt auf diese Weise die Seele in ihre göttliche Heimat zurück.[25]

---

23 Vgl. Rohls: Geschichte der Ethik, 50.
24 Platon möchte damit nicht die negative Aussage treffen, dass die Sinneswelt nur finster und schlecht sei. Allerdings ist sie nach Platon finster im Vergleich zu der Ideenwelt.
25 Vgl. Rohls: Geschichte der Ethik, 50.

Nach Platon ist alles, was wir lernen, nur Erinnerung (ἀνάμνησις) an früheres Wissen, bevor die Seele in der raumzeitlichen Welt gefangen worden ist. Die unsterbliche Seele ist aber nicht wie der Körper materiell an die Sinneswelt gebunden und kann mit der Ideenwelt in Verbindung treten. Außerdem muss sie sich nach ihrem Tod für ihre Taten verantworten. Aus diesem Grund besitzt der Mensch sowohl während, als auch nach seinem irdischem Leben eine moralische Verantwortung.[26] Der Körper wird als Störfaktor der Seele empfunden, welcher gereinigt werden muss (κάθαρσις), damit die Seele in den „körperlosen Urzustand" zurückkehren kann.

Um dies zu erreichen, trennt sich die Seele bereits im Leben auf der Erde von allem Körperlichen und handelt tugendhaft. Nach Platon lohnt es sich als Mensch, das Gute zu erstreben und sich nicht an dem Weltlichen, sondern dem Geistigen der Ideen zu orientieren. Im Leben auf der Erde gibt es laut Platon kein besseres Leben als im Streben nach Erkenntnis. Viel wichtiger ist jedoch, dass die Seele dadurch nach dem physischen Tod des Körpers in das Reich der Ideen zurückkehrt.[27] Die zentralen Tugenden sind nach Platon Weisheit, Mannesmut, Mäßigung und Gerechtigkeit, die er als Einheit versteht.[28] Das höchstes Ziel der Tugend ist die Erziehung der Seele zur Gerechtigkeit in der πόλις, da ein Staat so beschaffen ist, wie die Seelen seiner Bürger.[29]

1.3 Aristoteles (384 – 322 v. Chr.)

Mit achtzehn Jahren ging Aristoteles nach Athen, um der platonischen Akademie beizutreten. Zwanzig Jahre lang blieb er dort. Aristoteles nahm die Lehren Platons jedoch nicht widerspruchslos an. Während Platon sich von der Sinneswelt generell abwandte, studierte Aristoteles die Natur genau. Dies lässt sich vielleicht auch durch den Einfluss seines Vaters als Arzt des makedonischen Königs erklären.[30] Auch die Ideenlehre Platons kritisierte Aristoteles.

Er gab Platon Recht, dass die Dinge der Welt sich im Fluss befinden und es eine ewige und unveränderliche Form gebe. Die Eigenschaften der verschiedenen Formen der Dinge liegen seiner Meinung nach jedoch in den Dingen selbst. Während bei Platon die wahre Realität mit der Vernunft gedacht werden muss, sollte nach Aristoteles die wahre Realität wahrgenommen oder empfunden werden. Der Mensch habe zwar eine angeborene Vernunft, jedoch keine angeborenen Ideen. Nach Aristoteles sind drei Bereiche der Wissenschaft zu unterscheiden. Die theoretische Wissenschaft widmet sich dem Erkenntnisgewinn, während die poietische Wissenschaft sich an dem Produkt orientiert.

---

26 Vgl. Rohls: Geschichte der Ethik, 52.
27 Vgl. Rohls: Geschichte der Ethik, 53.
28 Vgl. Wyller: Art. Plato/ Platonismus I, 689.
29 Vgl. Rohls: Geschichte der Ethik, 53.
30 Vgl. Rehfuß (Hg.): Geschichte der Philosophie I, 58.

So ist beispielsweise beim Hausbau das fertiggestellte Haus von Bedeutung und nicht der Vorgang an sich.[31] Die praktische Wissenschaft beschäftigt sich hingegen mit der richtigen Entscheidung des Menschen. Die Philosophie wird von Aristoteles als eine selbstständige Disziplin eingeordnet. Das Wissen um Tugend ermöglicht ein tugendhaftes Leben. Nach Aristoteles ist dabei sowohl das richtige Handeln des Einzelnen, als auch das richtige Handeln im Staat, der πόλις, zu beachten. Durch die praktische Wissenschaft soll der Mensch tugendhaft werden und somit ein gutes Leben führen. Aristoteles unterscheidet bei Handlungen zwischen ποίησις und πρᾶξις. Die ποίησις beschreibt den Zweck außerhalb einer Handlung, wie es zum Beispiel bei einem Hausbau geschieht. Ist das Haus fertiggestellt, ist der Bau abgeschlossen. Bei der πρᾶξις liegt das Ziel hingegen in der Tätigkeit selbst. Ein Beispiel hierfür wäre das Spielen von Instrumenten. Allerdings können sowohl ποίησις als auch πρᾶξις um einer anderen Tätigkeit willen ausgeübt werden. So wird ein Haus beispielsweise in der Absicht gebaut, es zu bewohnen.[32] Die Ethik ist der πρᾶξις zuzuordnen. Jedes Handeln ist einem bestimmten Ziel gewidmet.

Allerdings streben alle Menschen letztendlich in ihren Handlungen nach Glückseligkeit. Diesen obersten Zweck nennt Aristoteles Glückseligkeit beziehungsweise Eudaimonie (εὐδαιμονία). Sie ist autark und wird um ihrer selbst willen erstrebt. Lebenspraxis allein ist kein Zustand der Erleuchtung, sondern nur Begehrungs- und Vernunftvermögen. Die Glückseligkeit der Freiheit ist hingegen eine informierte und bewusste Freiheit. Eudaimonie fällt bei jedem Menschen anders aus. Diese kann durch materielle Güter, einem sozialen Status oder auch einer praktischen oder theoretischen Tätigkeit hervorgerufen werden. Allerdings handelt es sich hier immer um eine spezifische Tätigkeit.[33] Der Mensch wird nach Aristoteles nur glücklich, wenn er alle seine Fähigkeiten und Möglichkeiten entfalten und benutzen kann.[34] So erlange der Mensch auch nur durch die bestmögliche Betätigung der Vernunft Glückseligkeit. Dabei sei die Glückseligkeit auch an äußere Bedingungen, wie zum Beispiel die Lebensdauer, die Gesundheit und an Beziehungen gebunden. Durch ein gutes Leben könne sich die Vernunft optimal entfalten und somit zu Glückseligkeit führen. Diese zeige sich durch innerliche Befriedigung.

Aristoteles unterscheidet zwischen den nicht erlernbaren dianoethischen Tugenden (Wissen, Geist und Weisheit) und den erlernbaren ethischen Tugenden (Gewohnheitstugenden), welche sich aus dem Begehrungsvermögen zur Vernunft und der vernünftigen Einsicht zusammensetzen.[35] Einsicht ermöglicht das ethische Verhalten. Menschen haben nach Aristoteles eine natürliche Anlage zu einem guten Charakter.

---

31 Vgl. Rohls: Geschichte der Ethik, 63.
32 Vgl. Rohls: Geschichte der Ethik, 63.
33 Vgl. Rohls: Geschichte der Ethik, 63.
34 Vgl. Rehfuß (Hg.): Geschichte der Philosophie I, 140.
35 Vgl. Rehfuß (Hg.): Geschichte der Philosophie I, 65.

Dies kann sowohl selbst durch Vernunft oder Klugheit, als auch durch die Gesellschaft mit Normen, Gewohnheiten und Traditionen erreicht werden. Letztendlich entscheidet allerdings der freie Wille, ob das Gute getan wird. Dieser Wille zum Guten muss aber zuerst durch Übung erzieherisch antrainiert werden.[36] Die Tugend wird von Aristoteles als die Mitte (μεσότης) zwischen zwei Extremen einer Handlung definiert. Diese Tugendlehre erinnert an die griechische medizinische Wissenschaft, die ebenfalls Gleichgewicht und Mäßigung präferiert. Tapferkeit bildet beispielsweise nach der Mesoteslehre die Mitte zwischen den zwei Extremen von Übermut und Feigheit, während Großzügigkeit die Extreme von Geiz und Verschwendungssucht ausgleicht. Die Tugend wird von Lust- und Unlustgefühlen beeinflusst.[37] Lust ist dabei nicht das Ziel, sondern das Nebenprodukt der Praxis, das zur Glückseligkeit (εὐδαιμονία) beiträgt. So entsteht zum Beispiel die Furcht einer Person durch eine Unlust von Mut, während der Übermut durch ein übersteigertes Lustgefühl der Zuversicht zustande kommt.[38] Um das richtige Maß an Lust und Unlust zu finden, richtige Entscheidungen treffen zu können und somit tugendhaft zu handeln, ist praktische Vernunft, die φρόνησις, notwendig.[39] Angesichts der vielfältigen Situationen im Leben ist eine solche Entscheidung jedoch sehr schwer. Es können deshalb nur allgemeine Richtlinien zu einem tugendhaften Verhalten aufgestellt werden. Im Zweifelsfall soll man so handeln, wie der vollkommenste Mensch sich verhalten würde.[40] Aristoteles grenzt seinen Tugendbegriff im Vergleich zu Sokrates und Platon ab. Im Gegensatz zu ihnen versteht er die Tugend nicht als Erkenntnis. Sie ist nicht mit dem Wissen des Guten gleichzusetzen.[41] Bei der ethischen Tugend ist laut Aristoteles sowohl die vernünftige Einsicht als auch das Begehrungsvermögen zu beachten. Das menschliche Handeln ist nicht immer vernünftig. Denn der Mensch kann nach Aristoteles trotz besseren Wissens aufgrund der eigenen Willensschwäche (ἀκρασία) schlechte Handlungen vollziehen.[42] Er muss sich freiwillig immer wieder neu entscheiden, ob er sich von dem vernunftgeprägten Begehren (βούλησις) oder dem vernunftlosen Begehren (ὄρεξις) leiten lasse. So habe der Mensch beispielsweise die Wahl, feige vor den angreifenden Feinden zu fliehen oder Schmerzen für die Verteidigung einer Stadt zu erleiden und damit die in ihm angelegte Tapferkeit zu verwirklichen.[43] Die zentrale politische Tugend ist die Gerechtigkeit, auf deren Grundlage die πόλις steht.

---

36 Vgl. Rohls: Geschichte der Ethik, 66.
37 Vgl. Rohls: Geschichte der Ethik, 67.
38 Vgl. Rohls: Geschichte der Ethik, 68.
39 Vgl. Rohls: Geschichte der Ethik, 68.
40 Vgl. Gigon, Olof: Art. Aristoteles/ Aristotelismus I, in: Horst Robert Balz/ Stuart G. Hall/ Richard Hentschke u.a. (Hgg.): TRE Band III (Anselm von Laon – Aristoteles/ Aristotelismus), Berlin/ New York 1978, 756.
41 Vgl. Rohls: Geschichte der Ethik, 67.
42 Vgl. Rohls: Geschichte der Ethik, 66.
43 Vgl. Rehfuß (Hg.): Geschichte der Philosophie I, 60.

Sie orientiert sich dabei vor allem an dem „Guten" für andere Personen, weshalb ihr Interesse meist uneigennützig ist.[44] Die πόλις hat in Form der austeilenden Gerechtigkeit Vorteile an einzelne Personen zu vergeben, während sie in Form der ausgleichenden Gerechtigkeit Beeinträchtigungen bei Rechtsbrüchen ausgleicht. Durch Einsicht und Überlegung kann eine richtige Entscheidung getroffen und somit ethisches Handeln ermöglicht werden.[45] Nach der damit zusammengehörigen Pflicht, Gutes mit Gutem zu vergelten, fordert die Gerechtigkeit auch Gehorsam zur politischen Ordnung. Da die politischen Ordnungen jedoch sehr verschieden ausfallen können, fällt auch das jeweilige Gerechtigkeitsempfinden unterschiedlich aus. Allerdings bleibt die Gotteserkenntnis das höchste Ziel des Menschen, weil dies die komplexeste Aufgabe der Vernunft darstellt.

2. Schlussbemerkungen:

Sokrates war der erste antike Philosoph, der speziell nach dem Wesen des ethischen Handelns forschte. Ausgehend von einem positiven Menschenbild, glaubte er an einen unmittelbaren Zusammenhang zwischen Wissen und Tugend. Nur wer wisse, was tugendhaftes Handeln sei, würde nach dieser Devise handeln. Schlechtes Handeln ging bei ihm deshalb auf fehlendes Wissen oder einen Irrtum in der Bewertung zurück. Der Mensch würde demnach nicht sich selbst freiwillig schaden, indem er Unrechtes tut.

Sokrates wurde immer wieder mit Jesus Christus in Verbindung gebracht.[46] Beide hinterließen persönlich kein schriftliches Zeugnis, sodass ihre Botschaft aus den Schriften ihrer Anhänger herausgelesen werden musste. Zudem verwiesen beide auf eine größere Instanz und zögerten in diesem Verständnis trotz gesellschaftlicher Widerstände nicht, sich für Gerechtigkeit einzusetzen und Machtmissbrauch zu kritisieren. Dies führte bei beiden zu ihrer Verurteilung zum Tode, welche sie trotz der Möglichkeit einer Flucht akzeptierten und damit für ihre Botschaft einstanden. Auch wenn zahlreiche Unterschiede eine Gleichsetzung verbieten, veranschaulicht dieser Vergleich die außergewöhnliche Lehre und Person des Sokrates.[47] Durch Sokrates lernen wir, dass es besser ist, ein Unrecht zu erleiden, als ein Unrecht zu tun.

Platon führte die Gedanken von Sokrates weiter. Er unterschied dabei die veränderliche und sichtbare Welt der Sinne von der unveränderbaren und unsichtbaren Welt der Ideen, was er in dem Höhlengleichnis zu veranschaulichen versuchte. In der Ideenwelt ist die Idee des Guten das ultimative Ziel und der Ursprung allen Seins.

---

44 Vgl. Gigon: Art. Aristoteles/ Aristotelismus I, 757.
45 Vgl. Rohls: Geschichte der Ethik, 68.
46 Vgl. Hager: Art. Sokrates, 443.
47 Vgl. Gaarder: Sofies Welt, 83f.

Die unsterbliche Seele hat sich durch Ausübung der Kardinaltugenden (Weisheit, Tapferkeit, Mäßigung und Gerechtigkeit) vom Körper zu trennen, um nach dem physischen Tod wieder in die Welt der Ideen zu gelangen. Die Seele kehrt dadurch zu ihrem Ursprung zurück. Durch die von Platon gegründete Akademie, die jahrhundertelang bestanden hatte, sorgte die Philosophie und Ethik Platons für einen langen Nachhall. Durch den Neoplatonismus Plotins und direkt wirkte sie auf das Christentum ein. Zur Zeit des deutschen Idealismus im 19. Jahrhundert wurde zudem Platons Wertphilosophie ausführlich behandelt. Auch blieb Platons Lehre der Grund- bzw. Kardinaltugenden auch für spätere tugendethische Überlegungen zentral.

Aristoteles glaubte wie Platon, dass die Seele bestmöglich den Verstand benutzen müsse, um Gutes zu tun. Im Gegensatz zu Sokrates glaubte Aristoteles jedoch nicht, dass der Mensch allein aus Unwissenheit zu bösen Taten fähig ist. Er führt dazu den freien Willen an, der sich erst durch Übung für tugendhaftes Handeln entscheiden könne. Nach Aristoteles wird das von jedem Menschen erstrebte Glück (εὐδαιμονία) durch ein tugendhaftes Leben ermöglicht. Die εὐδαιμονία ist somit für ihn nicht allein von der Gunst der Götter abhängig, sondern vielmehr eine Sache der Ethik. Wenn die äußeren Bedingungen des Lebens für den Menschen stimmen, er in vollendeter Tugend lebt und er die in ihm angelegten Möglichkeiten verwirklicht, kann εὐδαιμονία realisiert werden. Die „Tugendlehre" von Platon wird zu der „Mesoteslehre" weiterentwickelt. Tugend wird von Aristoteles als die Vermittlung zwischen zwei Handlungsextremen definiert. Im Gegensatz zu Feigheit und Übermut ist Tapferkeit eine Tugend. Der von Aristoteles eingeführte Tugendbegriff geht jedoch nicht auf spezifische Einzelsituationen ein und kann nur als eine grobe Orientierung der inneren Haltung für ethisches Handeln gelten. Indem Aristoteles zudem die εὐδαιμονία nicht nur von einem tugendhaften Leben, sondern auch von äußeren Bedingungen abhängig macht, stellt er infrage, dass die ἀρετή allein glücklich mache. Dennoch leuchten die Ausführungen von Aristoteles über das Streben nach Glückseligkeit und seine Definition der Tugend auch heute ein und erinnern an die traditionell-christliche Morallehre.

Mit den ethischen Überlegungen von Sokrates, Platon und Aristoteles wurde erstmals nach einer gültigen Definition des sittlichen Handelns gefragt und somit die Erforschung der Ethik eingeleitet. Die Gedanken der drei Philosophen zum Bereich der Ethik und Tugend wurden auch lange nach ihrem Tod immer wieder aufgenommen. So lassen sich in der Ethik des spätantiken Christentums viele philosophische und ethische Gedanken von Platon und Aristoteles wiederfinden. Auch spätere säkular-weltanschauliche Veränderungen und politisch-ideologische Popularisierungen sorgen für die zeitlose Aktualität der antiken Ethik.

3. Literaturverzeichnis:

Sekundärliteratur:

- Gaarder, Jostein: Sofies Welt. Roman über die Geschichte der Philosophie, München/ Wien 1993.
- Rehfuß, Wulff D. (Hg.): Geschichte der Philosophie I: Antike und Mittelalter, Stuttgart 2012.
- Rohls, Jan: Geschichte der Ethik, Tübingen ²1999.

Lexikoneinträge:

- Gigon, Olof: Art. Aristoteles/ Aristotelismus I, in: Horst Robert Balz/ Stuart G. Hall/ Richard Hentschke u.a. (Hgg.): TRE Band III (Anselm von Laon – Aristoteles/ Aristotelismus), Berlin/ New York 1978, 726-768.

- Hager, Fritz-Peter: Art. Sokrates, in: Horst Balz/ James K. Cameron/ Wilfried Härle u.a. (Hgg.): TRE Band XXXI (Seelenwanderung – Sprache/ Sprachwissenschaft/ Sprachphilosophie), Berlin/ New York 2000, 434-445.

- Wyller, Egil A.: Art. Plato/ Platonismus I, in: Horst Balz/ James K. Cameron/ Wilfried Härle u.a. (Hgg.): TRE Band XXVI (Paris-Polen), Berlin/ New York 1996, 677-692.

BEI GRIN MACHT SICH IHR WISSEN BEZAHLT

- Wir veröffentlichen Ihre Hausarbeit, Bachelor- und Masterarbeit

- Ihr eigenes eBook und Buch - weltweit in allen wichtigen Shops

- Verdienen Sie an jedem Verkauf

Jetzt bei www.GRIN.com hochladen und kostenlos publizieren